Dieses Buch widme ich Kristyn, Ana, Wade und
und Patricia, der ewigen Schmetterlingsjägerin. — Z. M.

Titel der Originalausgabe: *You are here*

Erschienen bei Chronicle Books LLC

Copyright © 2022 by Zach Manbeck

First published in English by Chronicle Books LLC, San Francisco, California.

Deutsche Erstausgabe

Copyright © 2023 von dem Knesebeck GmbH & Co. Verlag KG, München

Ein Unternehmen der Média-Participations

Projektleitung und Lektorat: Theresa Scholz, Knesebeck Verlag

Übersetzung: Tatjana Kröll, München

Umschlagadaption: Leonore Höfer, Knesebeck Verlag

Satz: Arnold & Domnick, Leipzig

Druck: Toppan Lefung Printing

Printed in China

ISBN 978-3-95728-708-3

www.knesebeck-verlag.de

EINFACH

DU

Zach Manbeck

Aus dem Amerikanischen von Tatjana Kröll

KNESEBECK

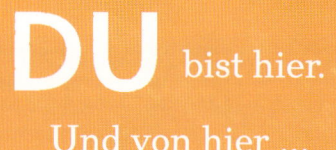

DU bist hier.

Und von hier ...

... kannst du überall hin!

Doch wie findest du deinen Weg?

Jeder fängt anders an.
Egal ob im Gehen, Hüpfen,
Tanzen oder Sitzen ...

Finde deinen
ganz eigenen Mut.

ENTDECKE

neue Wege und probiere alle
Richtungen aus!

NIMM DIR ZEIT

Manche werden dir
weit voraus sein.

Andere meilenweit
hinter dir.

Sei dankbar für die,
die bei dir sind.

FALL HIN

Du kannst stolpern, ausrutschen und dir die Knie aufschlagen. Doch dann …

SCHAU

alles mit Neugier an.

BETRACHTE

es mit
Abenteuerlust
im Herzen.

HAB GEDULD

Du wirst deinen Weg finden, ...

... wenn du dich von ihm finden lässt.

Denk immer daran:
Du gehst deinen Weg ...

... auf deine Art!

Und HEUTE

bist du **EINFACH NUR DU!**

Einfach hier.

Genau dort, wo du hingehörst.